今夜も終電ごはん

文 **梅津 有希子**
料理 **高谷 亜由**

幻冬舎

はじめに

　毎日夜遅くまで働いている人たちがいます。定時で帰れることはほとんどありません。わたしのまわりは、そんな終電族ばかりです。体が心配です。

　ぐったり疲れて深夜に帰ってくる人ほど、ホッとするおうちごはんが必要だと、強く思います。たまに食べるならいいけれど、牛丼やラーメンが続くと、太る上に、決して体によくはないでしょう。

　前作の『終電ごはん』を出したときからまったく変わらず、編集者の夫は夜な夜な終電ごはんの日々。現在、わが家のリアル終電ごはんは、「昆布だしのかき玉スープ」と「主食サラダ」です。太りやすい年齢なので、夜は炭水化物控えめ生活です。

　コンビニのお弁当やお惣菜の進化には、目を見張るものが

あります。「こんなものまであるのか」と驚くことも多々あります。ですが、毎日コンビニというのも、ちょっと心がさみしくなってしまいそうです。実際、わたしが終電族だった頃、毎晩プラスチック容器のコンビニめしばかりで、むなしさとわびしさを感じていました。

　簡単なものでも、家で食べると気持ちが落ち着きます。料理とはいえないくらいのたまごかけごはんも、工夫次第で満足できる一品に。野菜不足が気になるなら、バリエーション豊かな野菜炒めをどうぞ。

　"10分で作れて洗い物少なめ"の終電ごはんが、みなさまの明日の糧(かて)になれますように。

梅津有希子

はじめに／梅津有希子 …… 002

chapter 1 たまごかけごはんならば。

明太バター …… 012
しらすレモン …… 014
温玉たぬき …… 016
コンビーフとマスタードマヨ …… 018
オニスラ納豆 …… 020
お好み焼き風 …… 022
ナンプラー豆板醬 …… 024
しょうがみそ …… 026
カルボナーラ風 …… 028
温玉メキシカン …… 030

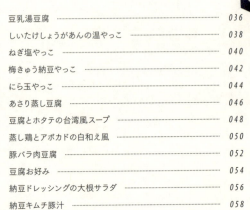

chapter 2 続・おとうふは免罪符

豆乳湯豆腐 …… 036
しいたけしょうがあんの温やっこ …… 038
ねぎ塩やっこ …… 040
梅きゅう納豆やっこ …… 042
にら玉やっこ …… 044
あさり蒸し豆腐 …… 046
豆腐とホタテの台湾風スープ …… 048
蒸し鶏とアボカドの白和え風 …… 050
豚バラ肉豆腐 …… 052
豆腐お好み …… 054
納豆ドレッシングの大根サラダ …… 056
納豆キムチ豚汁 …… 058

chapter 3 肉が食べたい!

ささみのレモンバターソース	064
鶏むね肉のソテー、サルサソース	066
豚しゃぶのおろし和え、スタミナダレ	068
主食サラダ	070
鶏肉のタイ風しょうが炒め	072
梅ダレ鶏わさ風	074
カレーそぼろのまぜまぜサラダ	076
豚ひき肉と春雨のトマト炒め	078
豚ヒレ肉のごま焼き	080

chapter 4 中華麺の可能性

時短ナポリタン	086
キャベツと塩辛の焼きそば	088
豆乳担々麺	090
タイ風肉みそ和え麺	092
あさりとねぎの塩レモン焼きそば	094
焼き豚と水菜の和え麺	096
豚ねぎトマトつけ麺	098
白菜たっぷり塩バターラーメン	100

chapter 5 フライパンで野菜を食らう

キャベツの香ばししょうゆ炒め	106
ミニトマトのカリカリじゃこ炒め	108
きのこのビネガー炒め	110
もやしと豆苗のペペロンチーノ	112
大根のタルカリ	114
ブロッコリーと豚肉のみそ炒め	116
にんじんとツナのしりしり	118
きゅうりの卵炒め	120
れんこんのエスニックきんぴら	122
たまねぎの梅おかか炒め	124

chapter 6 だしさえあれば。

基本のかつおだし	130
基本の昆布だし	132
和風ミネストローネ	134
切り干し大根と梅干のスープ	136
かぶと厚揚げのエスニックスープ	138
じゃがいものみそポタージュ	140
野菜たっぷりあんかけうどん	142
鯛茶漬け	144
だしポトフ	146
だししゃぶしゃぶ	148
だしピクルス	150

[終電ごはん劇場]

たまごかけごはん編	010
おとうふ編	034
肉編	062
中華麺編	084
野菜炒め編	104
だし編	128

終電ごはんがラクになる！便利グッズカタログ	152
終電ごはんを乗り越えるコワザ20	154
冷凍庫にあれば心安らぐ食材ベスト15	156

おわりに／高谷亜由 … 158

本書の決まり
1カップ= 200㎖
大さじ1 = 15㎖
小さじ1 = 5㎖
電子レンジは600Wでの加熱時間です。
ご使用の電子レンジのW数に合わせて、実際の加熱具合を
見ながら、加熱してください。

chapter 1. たまごかけごはん ならば。

［終電ごはん劇場］ たまごかけごはん 編

「ぐったり疲れて帰ってきても、これならなんとか作れる……」という料理の代表格が、誰もが食べたことのあるたまごかけごはん。火も使わず、卵と冷凍ごはんを常備しておけばいつでも作れる日本人のソウルフードは、実は究極の終電ごはんでした。卵は「完全栄養食」ともいわれ、良質なたんぱく質やビタミン、ミネラルなど、体にとって必要なあらゆる栄養素がつまっており、忙しい終電族こそ積極的にとりたいもの。ちょっとだけがんばって、ほんのひと手間加えたたまごかけごはんなら、真夜中でもむなしさを感じません。

明太バター

まろやかなバターと明太子が相性抜群。よく混ぜてどうぞ。

材料／1人分

ごはん …… 茶碗1杯
卵黄 …… 1個分
明太子(薄皮をとってほぐす) …… 1/2 腹
青じそ(千切り) …… 3枚
バター …… 大さじ1/2

作り方

1. ごはんに卵黄、明太子、青じそ、バターをのせる。

(ポイント)
◎ 味が足りなければしょうゆをひとたらし。
◎ 青じその代わりにのりをちらしても。

しらすレモン

オリーブ油がしらすをまとめてなめらかに。レモンをキュッとしぼって。

材料／1人分

ごはん …… 茶碗1杯
卵黄 …… 1個分
しらす …… 大さじ2
細ねぎ（小口切り）…… 適量
レモン（くし形切り）…… 1切れ
オリーブ油 …… 小さじ1
しょうゆ …… 適量

作り方

1. ごはんにしらす、卵黄をのせ、オリーブ油、しょうゆをまわしかける。細ねぎをちらしてレモンを添える。

（　ポイント　）
◎ レモンの酸味が決め手なので、切るのが面倒なら市販のもので代用を。

温玉たぬき

ごはんに混ぜ込んだ揚げ玉がしっとりおいしい。

材料／1人分

ごはん …… 茶碗1杯
温泉卵（市販）…… 1個
揚げ玉 …… 大さじ3
細ねぎ（小口切り）…… 3本
めんつゆ（濃縮タイプ、つけつゆの濃さに希釈）
　…… 大さじ1＋適宜
七味唐辛子 …… 少々

作り方

1. ごはんに揚げ玉、細ねぎ、めんつゆ大さじ1を混ぜ、温泉卵をのせて七味唐辛子をふる。好みでさらにめんつゆをかけて食べる。

（　ポイント　）
◎ 温泉卵と小口切りねぎはスーパーやコンビニで購入できる。

コンビーフとマスタードマヨ

ほぐしコンビーフに卵黄がよくからむ、ボリュームTKG。
たまごかけごはん

材料／1人分

ごはん …… 茶碗1杯
卵黄 …… 1個分
コンビーフ …… 1/2缶
マヨネーズ …… 大さじ1
マスタード …… 小さじ1/4
青のり …… 少々

作り方

1. マヨネーズとマスタードを混ぜる。

2. ごはんの上にコンビーフを広げて卵黄をのせ、1を添えて青のりをちらす。

(ポイント)
◎ コンビーフはよくほぐして使うのがポイント。マスタードがなければ辛子でもOK。
◎ ちょっといいコンビーフで作ると、さらにおいしい。

オニスラ納豆

シャキッとした食感のたまねぎと納豆がよく合う、栄養バランスのいい一杯。

材料／1人分

ごはん …… 茶碗1杯
卵黄 …… 1個分
たまねぎ …… 1/8個
納豆 …… 1パック
かつおぶし …… 適量
しょうゆ …… 適宜

作り方

1. たまねぎは薄切りにして水にさらし、水気をきる。納豆は添付のタレと辛子を混ぜる。

2. ごはんに1、卵黄、かつおぶしをのせる。好みでしょうゆをかけて食べる。

お好み焼き風

食べるとお好み焼き！ な、変わりだねのたまごかけごはん。

材料／1人分

ごはん …… 茶碗1杯
卵黄 …… 1個分
キャベツ（千切り）…… 1枚
細ねぎ（小口切り）…… 2本
揚げ玉 …… 大さじ1
かつおぶし …… 適量
中濃ソース …… 適量
マヨネーズ …… 適量

作り方

1. ごはんにキャベツ、細ねぎ、揚げ玉、卵黄をのせてソースをまわしかけ、かつおぶしをちらし、マヨネーズを添える。

（　ポイント　）
◎ 千切りキャベツと小口切りねぎは、コンビニでも購入できる。

ナンプラー豆板醬

まろやかな卵に、ピリッとした豆板醬とナンプラーのコクが融合。

材料／1人分

ごはん …… 茶碗1杯
卵 …… 1個
香菜(シャンツァイ)（ざく切り）…… 適量
ナンプラー …… 小さじ1/2
ごま油 …… 少々
豆板醬(トウバンジャン) …… 適量

作り方

1. ボウルに卵を割り入れ、ナンプラーとごま油を加えて混ぜる。

2. ごはんに1をまわしかけてさっくりと混ぜ、香菜と豆板醬をのせる。

(　ポイント　)
◎ 香菜の代わりに、細ねぎやのりをちらしてもおいしい。

しょうがみそ

しょうがをきかせたみそと卵が好相性。

材料／1人分

ごはん …… 茶碗1杯
卵黄 …… 1個分
長ねぎ（薄い輪切り）…… 3cm
おろししょうが …… 少々
みそ …… 大さじ1
みりん …… 小さじ1/2

作り方

1. みそ、みりん、おろししょうがを混ぜる。

2. ごはんに卵黄と長ねぎをのせ、1を添える。

（ ポイント ）
◎ おろししょうがはチューブでもOK。

カルボナーラ風

粉チーズと卵で、完全にカルボナーラ。しょうゆでちょっと和風の味わいに。

材料／1人分
ごはん …… 茶碗1杯
卵 …… 1個
粉チーズ …… 小さじ1
しょうゆ …… 大さじ1/2
黒こしょう …… 適量

作り方

1. ボウルに卵を割り入れ、しょうゆ、粉チーズを加えてよく混ぜる。

2. ごはんに1をかけてさっくりと混ぜ、黒こしょうをたっぷりとふる。

温玉メキシカン

赤と緑が目にもカラフル。アボカドとミニトマトで、美肌効果も期待できそう。

材料／1人分

ごはん …… 茶碗1杯
温泉卵（市販）…… 1個
アボカド …… 1/2個
ミニトマト …… 3個
レモン汁 …… 小さじ1/2
柚子こしょう …… 少々
しょうゆ …… 適量

作り方

1. アボカドは1cm角に、ミニトマトは縦4等分に切り、柚子こしょうとレモン汁で和える。

2. ごはんに1、温泉卵をのせ、しょうゆをまわしかける。

(ポイント)
◎ 温泉卵はスーパーやコンビニで購入できる。

chapter
2.

続・おとうふは免罪符

前作『終電ごはん』でも人気の高かったお豆腐レシピ。コンビニでも買える豆腐は、安い上に栄養豊富な、終電ごはんの優等生食材です。「深夜に食べても罪悪感がない」「栄養があるので食べておくと安心」「大豆イソフラボンで美肌効果も期待できる」と、特に女性人気が抜群でした。今回は、手軽に作れる変わりだねやっこに、煮込みや湯豆腐などの温かい豆腐料理、大豆つながりで納豆レシピもご紹介。「太りたくないけど何か食べたい」「簡単に作れて体にいいものが食べたい」というときにもぴったりです。

豆乳湯豆腐

昆布だし＋豆乳でスープを作るまろやかな湯豆腐。カレー塩でどうぞ。

材料／1人分

もめん豆腐（食べやすい大きさに切る）
　…… 小1丁（150g）
豆乳（成分無調整）…… 1カップ
昆布だし …… 1カップ
カレー塩（作りやすい分量）
[塩（粒の粗いもの）…… 大さじ1
[カレー粉 …… 小さじ1/2

作り方

1. 鍋に豆腐、昆布だしを入れて火にかけ、フツフツとしてきたら弱火にし、そのまま5分ほど温める。

2. **カレー塩**を作る。フライパンに塩を入れて弱火で乾いりし、サラサラになったら火からおろしてカレー粉を混ぜる。

3. 1に豆乳を加えて煮立つ直前まで温め、鍋ごと食卓に出して2を添える。

(ポイント)
◎ 〆にごはんを入れ、塩と粉チーズでリゾット風にしてもおいしい。

しいたけしょうがあんの温やっこ

しょうがでポカポカ。冬におすすめの、体の芯からあったまる温やっこ。

材料／1人分

絹ごし豆腐 …… 小1丁（150g）
しいたけ …… 3枚
おろししょうが …… 小さじ1
調味料
[酒 …… 大さじ1
[オイスターソース、酢 …… 各小さじ1
水溶き片栗粉 …… 適量
黒こしょう …… 適量

作り方

1. 鍋に半分に切った豆腐、かぶる程度の水を入れて強火にかけ、煮立つ直前で弱火にし、そのまま温めておく。しいたけは縦4等分に切る。

2. 小鍋に水1/2カップ、**調味料**を入れて煮立て、しいたけを加えて2分ほど煮る。しいたけに火が通ったらおろししょうがを加え、水溶き片栗粉でとろみをつける。

3. 1の豆腐の水気をきり、1cm厚さに切って器に盛る。2をまわしかけ、黒こしょうをふる。

ねぎ塩やっこ

たっぷりの長ねぎとごま油のコクがよく合う、中華味の冷ややっこ。

材料／1人分

もめん豆腐 …… 小1丁（150g）
長ねぎ（斜め薄切り）…… 1/2本

タレ
[塩、白すりごま …… 各小さじ1/2
  ごま油 …… 小さじ2
  黒こしょう …… 適量

作り方

1. ボウルにタレを混ぜ、長ねぎを加えて和える。

2. やっこに切った豆腐を器に盛り、1をのせる。

（ ポイント ）
◎豆腐を温めて温やっこにしてもおいしい。

梅きゅう納豆やっこ

梅の酸味とシャキシャキのきゅうりを、納豆で一体化。混ぜながら食べるとおいしい。

材料／1人分

もめん豆腐 …… 小1丁（150g）
納豆 …… 1パック
きゅうり（5mm角に切る）…… 1/3本
梅干し（たたく）…… 1個
焼きのり …… 適量
白いりごま …… 小さじ1
ごま油 …… 少々

作り方

1. 納豆にきゅうり、梅干し、いりごま、ごま油を混ぜ合わせる。

2. 食べやすい大きさに切った豆腐を器に盛り、1、ちぎった焼きのりをのせる。

にら玉やっこ

コクのある黄身じょうゆをかけた冷ややっこ。おつまみにも好適。

材料／1人分

もめん豆腐 …… 小1丁（150g）
にら …… 1/4束
卵黄 …… 1個分
しょうゆ …… 小さじ1

作り方

1. 鍋に湯を沸かしてにらを30秒ほどゆで、水気を軽くしぼって5cm幅に切る。

2. 卵黄としょうゆを混ぜる。

3. 豆腐をざっとくずしながら器に盛り、1をのせ、2をまわしかける。

あさり蒸し豆腐

あさりのうまみがたっぷり。しみじみおいしいあったかメニュー。

材料／1人分

もめん豆腐 …… 小1丁（150g）
あさり（砂抜きしたもの）…… 150g
細ねぎ（小口切り）…… 適量
調味料
[酒 …… 大さじ1
[しょうゆ、ごま油 …… 各小さじ1/2

作り方

1. 耐熱ボウルの中央に豆腐をおおまかにくずし入れる。豆腐を囲むようにドーナツ状にあさりを置き、**調味料**をまわしかける。

2. ふんわりとラップをかけ、電子レンジ（600W）で3分加熱する。あさりの口が開いていなければ、さらに様子を見ながら30秒〜1分ほど加熱する。

3. 器に盛り、細ねぎをちらす。

（　ポイント　）
◎ あさりは砂抜き済みのものを買うと手軽に作れる。
◎ 小口切りのねぎはコンビニでも購入できる。

豆腐とホタテの台湾風スープ

ホタテのうまみがきいたスープで、絹ごし豆腐をとろっと煮込んで。

材料／2〜3人分（作りやすい分量）

絹ごし豆腐 …… 小1丁（150g）
水煮ホタテ缶 …… 1缶
長ねぎ（みじん切り）…… 3cm
しょうが（みじん切り）…… 1/2かけ
ごま油 …… 大さじ1
酒 …… 大さじ1
調味料
[酢 …… 小さじ1
  塩、黒こしょう …… 各少々
香菜(シャンツァイ) …… 適量

作り方

1. 鍋にごま油を熱して長ねぎ、しょうがを香りよく炒める。

2. 1に水1カップ、酒を加え、煮立ったらホタテを缶汁ごと加え、さらに豆腐をくずしながら加えて1分ほど煮る。

3. 調味料で味をととのえ、器に盛って香菜をちらす。

（　ポイント　）
◎ ちょっとゴージャスにカニ缶で作ってもおいしい。

蒸し鶏とアボカドの白和え風

蒸し鶏はレンジで作るので簡単。クリーミーなアボカドが豆腐とよく合う一品。

材料／1人分

もめん豆腐 ⋯⋯ 100g
鶏ささみ ⋯⋯ 大1本
アボカド（1cm角に切る）⋯⋯ 1/2個
細ねぎ（小口切り）⋯⋯ 2本
レモン汁 ⋯⋯ 少々
ごま油 ⋯⋯ 小さじ2
塩 ⋯⋯ 小さじ1/4

作り方

1. ささみは酒、塩各少々（ともに分量外）をまぶして耐熱皿に置き、ふんわりとラップをする。電子レンジ（600W）に約1分かけ、裏返してさらに約30秒かける。とり出してそのまま粗熱をとり、こまかくほぐす。

2. 豆腐はキッチンペーパーで包み、ぎゅっとしぼって水気をきる。アボカドはレモン汁をまぶしておく。

3. ボウルに豆腐をくずし入れ、スプーンの背でなめらかにつぶす。1、アボカド、ごま油、塩、細ねぎを加えてざっくりと和える。

（ ポイント ）
◎ 小口切りのねぎはコンビニでも購入できる。
◎ レモン汁は市販の果汁を使うと手軽に作れる。

豚バラ肉豆腐

豚バラ肉で作るお手軽肉豆腐。豆腐から出る水分で煮るので、水きりいらず。

材料／2〜3人分（作りやすい分量）

もめん豆腐 …… 中1丁（200g）
豚バラ薄切り肉（5cm幅に切る）…… 100g
たまねぎ（繊維を断って1cm幅に切る）
　…… 1/2個

調味料
```
酒、みりん …… 各大さじ1
砂糖 …… 大さじ1と1/2
しょうゆ …… 大さじ2
```
サラダ油 …… 大さじ1
七味唐辛子 …… 適量

作り方

1. 鍋にサラダ油を中火で熱し、豚肉とたまねぎを炒める。肉の色が変わったら、豆腐を大きいまま加えて木べらでおおまかにくずす。

2. **調味料**を加えてふたをし、途中で底から上下を返すようにざっくりと混ぜ、豆腐に味をふくませながら5分ほど煮る。

3. 器に盛り、七味唐辛子をちらす。

豆腐お好み

軽い口あたりで深夜でも食べやすい、豆腐生地で作るお好み焼き。

材料／直径 22cm のフライパン 1 枚分

もめん豆腐 …… 中 1 丁（200g）
卵 …… 1 個
キャベツ（千切り）…… 2 枚
青じそ（千切り）…… 5 枚
桜えび …… 大さじ 1
かつおぶし …… 軽くひとつかみ
ごま油 …… 大さじ 2
ポン酢しょうゆ …… 適量

作り方

1. 豆腐はキッチンペーパーで包み、ぎゅっとしぼって水切りをし、スプーンの背でなめらかにすりつぶす。卵、キャベツ、青じそ、桜えびを加えて混ぜ合わせる。

2. フッ素樹脂加工のフライパンにごま油をよく熱し、1を丸く流し入れ、強めの中火で3分焼く。弱火にして2分、フライパンのふたにすべらせるように移してから裏返し、強めの中火にしてもう3分焼く。

3. 器に盛り、ポン酢しょうゆをかけてかつおぶしをちらす。

(ポイント)
◎「テフロン®」などフッ素樹脂加工のフライパンを使い、油を多めにひいて焼く。

納豆ドレッシングの大根サラダ

千切り大根にピリ辛納豆ドレッシングをからめていただく、シャキシャキサラダ。

材料／1人分

大根（千切り）…… 100g
青じそ（千切り）…… 5枚
納豆ドレッシング
[納豆（小粒）…… 1パック
  しょうゆ、酢 …… 各大さじ1/2
  ごま油 …… 小さじ1
  砂糖、豆板醬（トウバンジャン） …… 各少々]

作り方

1. 大根と青じそは合わせて冷水にはなち、シャキッとしたら水気をよくきる。

2. ボウルに**納豆ドレッシング**の材料をすべて合わせ、泡立てないように混ぜる。

3. 器に1を盛り、2をかける。

(ポイント)
◎ 大根と青じそ以外でも、レタスやきゅうりなどでアレンジしてもおいしい。

納豆キムチ豚汁

発酵食品同士の納豆×キムチの名コンビで作る、チゲ風あったか豚汁。

材料／1人分

納豆（小粒）…… 1パック
豚こま切れ肉 …… 50g
キムチ（粗みじん切り）…… 50g
細ねぎ（1cm幅の小口切り）…… 2本
白すりごま …… 適量
サラダ油 …… 大さじ1
みそ …… 大さじ1

作り方

1. 納豆はざっと水洗いしてザルにあげる。

2. 鍋にサラダ油を熱し、豚肉とキムチを中火で炒める。豚肉の色が変わったら水1と1/2カップを加え、煮立ったらアクをすくい、弱火にして2～3分煮る。

3. 2にみそを溶き入れ、納豆、細ねぎを加えてサッと混ぜ、器に盛ってすりごまをちらす。

(ポイント)
◎ 納豆を水洗いすることで、汁がねばらなくなる効果が。
◎ 小口切りのねぎはコンビニでも購入できる。

chapter 3.

肉、が食べたい！

終電族に晩ごはん事情をリサーチしていると、「深夜に炭水化物はとりたくない」という人や、「ストイックではないけれど、ゆるく糖質オフをしている」という声も目立ちました。そこで、この章ではただ肉を焼くだけではなく、野菜と合わせてバランスよく食べることを提案したいと思います。2種のサラダは、「レタスをちぎって水にはなち、シャキッとさせる」という作業が面倒なので、ベビーリーフと割り切ります。レシピは2人分ですが、この一皿で済ませるという晩酌派は、1人でも食べ切れる量です。

ささみのレモンバターソース

さわやかでコクのあるレモンバターで仕上げる、しっとり食感のささみソテー。

材料／2人分

鶏ささみ …… 4本
塩、黒こしょう、薄力粉 …… 各適量
ブロッコリー（小房に分け、
　大きいものは半分に切る）…… 1/2株
サラダ油 …… 大さじ1/2
バター …… 小さじ1

調味料
- レモン汁 …… 1/4個分
- 黒こしょう …… 小さじ1/2
- 塩 …… 少々

作り方

1. ささみは塩、こしょうをもみこんで薄力粉をまんべんなくまぶし、軽くはたいて余分な粉を落とす。
2. フライパンにブロッコリー、水1/4カップを入れて中火にかけ、ふたをして3～4分蒸し焼きにする。ブロッコリーがやわらかくなったらふたを外し、強火にして水気をとばしていったんとり出す。同じフライパンにサラダ油を熱し、1のささみを並べ入れて3分焼き、裏返してさらに2分ほど焼く。
3. 火を止めてバターを加え、溶けたら**調味料**を加えてなじませる。ブロッコリーとともに器に盛り、フライパンに残ったソースもまわしかける。

鶏むね肉のソテー、サルサソース

サラダ感覚の一皿。サルサソースは3日ほど日持ちするので、パスタと和えても。

材料／2人分

鶏むね肉（大きめ一口大のそぎ切り）
　……1枚（約250g）
酒……小さじ1
塩、黒こしょう……各少々
オリーブ油……大さじ1
サルサソース（作りやすい分量）
- たまねぎ（みじん切り）……1/4個
- トマト（1.5cm角に切る）、
- ピーマン（5mm角に切る）……各小1個
- きゅうり（5mm角に切る）……1/2本
- 酢……大さじ2
- レモン汁……小さじ1
- 塩……小さじ1/2

作り方

1. **サルサソース**を作る。ボウルに野菜を合わせ、調味料を加えて混ぜ合わせる。

2. 鶏むね肉に酒、塩、こしょうをもみこむ。フライパンにオリーブ油を熱して鶏肉を並べ入れ、中火で2分ほど焼く。裏返してさらに2分ほど焼き、ふたをして弱火で1〜2分蒸し焼きにし、中まで火を通す。

3. 器に2を盛り、1のソースを適量かける。

豚しゃぶのおろし和え、スタミナダレ

にら、ねぎ、しょうが入りの甘辛い香味ダレでいただく、さっぱり豚しゃぶ。

材料／2人分

豚もも薄切り肉（食べやすい大きさに切る）
　　　…… 150g
大根（すりおろして軽く水きり）…… 適量
スタミナダレ（作りやすい分量）
　にら（1cm 幅の小口切り）…… 2本
　長ねぎ（みじん切り）…… 5cm
　しょうが（みじん切り）…… 1かけ
　しょうゆ、酢 …… 各大さじ2
　砂糖 …… 小さじ2
　ごま油、白いりごま …… 各大さじ1

作り方

1. **スタミナダレ**を作る。ボウルにしょうゆ、酢、砂糖、ごま油を混ぜ合わせ、にら、長ねぎ、しょうが、いりごまを加えて混ぜる。

2. 鍋に湯を沸かして豚肉を1枚ずつ入れ、火が通ったそばからとり出して冷水にとり、キッチンペーパーの上に広げて水気をとる。

3. 器に2を盛って大根おろしをのせ、1を適量まわしかける。

(ポイント)
◎ 大根おろしはチューブ入りのものを使うとより手軽に作れる。

主食サラダ

カリッと炒めた豚バラと食べ応えのあるアボカド入り。一皿でお腹(なか)いっぱいに。

材料／2人分

豚バラ薄切り肉（5cm幅に切る）…… 100g
黒こしょう …… 少々
ベビーリーフ …… 1パック
アボカド（1cm角に切る）…… 小1個
レモン汁 …… 小さじ2
ミニトマト（半分に切る）…… 4個
塩、ごま油 …… 各適量

作り方

1. 豚肉は塩少々、こしょうをもみこみ下味をつける。ベビーリーフは冷水にはなってシャキッとさせ、水気をよくきる。アボカドはレモン汁をまぶしておく。

2. フライパンに油をひかずに豚肉を並べ入れ、カリカリになるまで中火で焼き、出てきた脂をキッチンペーパーでふく。

3. ボウルにベビーリーフ、アボカド、ミニトマトを合わせ、2の豚肉を加えて混ぜる。味をみて塩、ごま油でととのえて器に盛る。

(ポイント)
◎ 豚肉に下味をつけるのが面倒なら、焼いて塩こしょうするだけでもOK。

鶏肉のタイ風しょうが炒め

鶏むね肉と野菜、たっぷりの千切りしょうがをオイスターソース味で炒めた逸品。

材料／2人分

鶏むね肉（一口大のそぎ切り）…… 150g
塩、黒こしょう …… 各少々
赤パプリカ（細切り）…… 1/2個
たまねぎ（くし形切り）…… 1/6個
しめじ（小房に分ける）…… 50g
しょうが（千切り）…… 大1かけ
香菜（シャンツァイ）…… 適量
サラダ油 …… 大さじ1

調味料
- 水 …… 大さじ1
- オイスターソース、しょうゆ …… 各大さじ1/2
- 砂糖 …… 小さじ1/2

作り方

1. 鶏肉に塩、こしょうをもみこむ。**調味料**を混ぜ合わせておく。

2. フライパンにサラダ油を熱して鶏肉を中火で炒め、肉の色が変わったら赤パプリカ、たまねぎ、しめじを加えて炒める。全体に油がまわって野菜がしんなりしたら、しょうが、**調味料**を加えて手早く炒め合わせる。

3. 器に盛り、香菜をちらす。

梅ダレ鶏わさ風

つるんとした口あたりのささみを、ゆでキャベツと一緒にいただくさっぱりレシピ。

材料／2人分

鶏ささみ(一口大のそぎ切り) …… 3本
片栗粉 …… 適量
キャベツ(ざく切り) …… 1/4個

タレ
- 梅干し(たたく) …… 2個
- 水 …… 大さじ2
- ごま油 …… 小さじ1/2

作り方

1. ささみに片栗粉をまんべんなくまぶし、軽くはたいて余分な粉を落とす。**タレ**を混ぜ合わせて梅ダレを作る。

2. 鍋にたっぷりの湯を沸かして塩少々(分量外)を入れ、キャベツを色よくゆでてザルにあげる。同じ湯に1のささみを1切れずつ入れ、底からざっと混ぜて1〜2分ゆで、冷水にとってから水気をきる。

3. 器にささみとキャベツを盛り合わせ、梅ダレをかける。

カレーそぼろのまぜまぜサラダ

しっかり味の肉そぼろとピーナッツの食感が楽しい、スパイシーなサラダ。

材料／2人分

合いびき肉 …… 100g
ベビーリーフ …… 1パック
にんにく（みじん切り）…… 1かけ
サラダ油 …… 大さじ1
カレー粉 …… 小さじ1/2
調味料
[しょうゆ、ナンプラー、砂糖 …… 各小さじ1
  黒こしょう …… 適量
ピーナッツ（半分に割る）…… 大さじ1
レモン（くし形切り）…… 1切れ

作り方

1. ベビーリーフは冷水にはなってシャキッとさせ、水気をよくきる。

2. フライパンにサラダ油を熱してにんにくを香りよく炒め、ひき肉を加えてほぐしながら炒める。カレー粉を全体になじませ、**調味料を加えて混ぜ**、火からおろす。

3. 1、ピーナッツ、熱々の2を混ぜ合わせ、器に盛ってレモンを添える。

（　ポイント　）
◎ 中華麺と和えてラーメンサラダにしてもおいしい。

豚ひき肉と春雨のトマト炒め

ひき肉のコクとトマトのうまみを春雨に吸わせた、麺よりヘルシーな一皿。

材料／2人分

豚ひき肉 …… 100g
春雨（乾燥）…… 60g
トマト（1.5cm角に切る）…… 1個
しめじ（小房に分ける）…… 1パック
長ねぎ（粗みじん切り）…… 5cm
しょうが（みじん切り）…… 1かけ
ごま油 …… 大さじ1
黒こしょう …… 適量

調味料
- 酒、しょうゆ、オイスターソース …… 各大さじ1
- 砂糖 …… 小さじ1

作り方

1. 春雨は水に10分ほどつけてもどし、ザルにあげて食べやすい長さに切り、水気をきる。

2. フライパンにごま油を熱してしょうがを香りよく炒め、ひき肉と長ねぎを加え、肉がほぐれるまで炒める。しめじを加えて混ぜ、水1カップ、**調味料**を加える。

3. 煮立ったら春雨、トマトを加え、中火で炒め煮にする。汁気がほとんどなくなったら器に盛り、こしょうをちらす。

(ポイント)
◎ 春雨はゆでずに使えるブロックタイプのものだと、もどす手間なし。

豚ヒレ肉のごま焼き

脂の少ないヒレ肉にごまをまぶして香ばしくソテー。ちょっぴりヘルシーな豚カツ風。

材料／2人分

豚ヒレ肉、またはもも肉（一口カツ用）…… 大4枚
キャベツ（千切り）…… 適量
調味料
[酒 …… 小さじ1/2
[塩、黒こしょう …… 各少々
白、黒いりごま …… 各大さじ1
サラダ油 …… 大さじ1
しょうゆ、練り辛子 …… 各適量

作り方

1. 豚肉は**調味料**をもみこむ。バットにいりごまを混ぜ合わせ、豚肉の片面に押さえつけるようにまぶしつけ、1〜2分おいてなじませる。

2. フライパンにサラダ油を熱し、ごまの面を下にして豚肉を並べ入れる。強めの中火で2〜3分焼き、ごまがカリッとしたら裏返して火を弱め、さらに2〜3分焼いて火を通す。

3. 器に2、キャベツを盛り合わせ、辛子じょうゆを添える。

（　ポイント　）
◎ 千切りキャベツはコンビニでも購入できる。

chapter 4.

中華麺の可能性

［終電ごはん劇場］ 中華麺 編

粉末ソースつきの、おなじみの焼きそば。3袋セットで特売になっていることも多く、よく買うという人も多いのでは。あらかじめ蒸してある中華麺は、短時間で調理できるのもいいところ。ソース味以外にもさまざまな味つけができるので、パスタ感覚で料理に使えます。

　和え麺やつけ麺にも使える生ラーメンも、便利な食材。深夜にこってりラーメンを食べるのは罪悪感を覚えてしまうけれど、おうちラーメンなら体にやさしく作れます。中華蒸し麺も生ラーメンも冷凍できるので、常備しておくといつでも使えて便利です。

時短ナポリタン

みんな大好き、懐かしの味。パスタよりもずっと早く作れるのは中華麺ならでは。

材料／1人分

焼きそば麺（袋ごと電子レンジに約1分かける）……1玉
ソーセージ（斜め薄切り）……2本
たまねぎ（5mm幅の薄切り）……小1/2個
ピーマン（縦半分に切ってから横に1cm幅に切る）……1個
しめじ（小房に分ける）……50g
トマトケチャップ、牛乳……各大さじ2
サラダ油……大さじ1
塩、黒こしょう、粉チーズ……各適量

作り方

1. フライパンにサラダ油を熱し、ソーセージとたまねぎを中火で炒める。たまねぎが透き通ってきたらピーマンとしめじを加えて炒め合わせ、塩、こしょうを軽くふる。

2. 焼きそば麺をほぐしながら加えて炒め合わせ、ケチャップを加えてからめる。牛乳を加え、全体がオレンジ色になるまでなじませながら炒め、味をみて塩、こしょうととのえる。

3. 器に盛り、粉チーズをかけて食べる。

(ポイント)
◎ 焼きそば麺はレンジで温めることでほぐれやすくなり、炒める時間も短縮できる。
◎ 牛乳を加えることで、ケチャップがまんべんなく麺にからみ、きれいなオレンジ色に仕上がります。

キャベツと塩辛の焼きそば

キャベツの甘み×塩辛のうまみがお互いを引き立てて、ビールにもぴったり。

材料／1人分

焼きそば麺（袋ごと電子レンジに約1分かける）
　……1玉
キャベツ（一口大のざく切り）……2枚
いかの塩辛 …… 大さじ2
にんにく（みじん切り）…… 1/2かけ
サラダ油、酒 …… 各大さじ1
バター …… 小さじ1
黒こしょう …… 適量

作り方

1. フライパンにサラダ油、にんにくを入れて熱し、香りが立ったらキャベツを加えて弱めの中火で炒める。

2. キャベツがしんなりしたら塩辛、酒を加えてサッと炒め、焼きそば麺をほぐしながら加えて炒め合わせる。

3. バターを加えてサッと混ぜ、器に盛ってこしょうをちらす。

（　ポイント　）
◎ いかの塩辛はコンビニでも購入できる。

豆乳担々麺

練りごまの代わりに豆乳とすりごまで作る、ピリッとまろやかな担々麺。

材料／1人分

生ラーメン 1玉
豚ひき肉 100g
にんにく、しょうが（ともにみじん切り）
　...... 各1かけ
ごま油 大さじ1
豆板醤(トウバンジャン) 小さじ1
豆乳（成分無調整）...... 1/2カップ
みそ、白すりごま 各大さじ1
細ねぎ（小口切り）...... 適量

作り方

1. フライパンにごま油、にんにく、しょうがを入れて熱し、香りが立ったらひき肉を炒める。肉の色が変わってほぐれたら豆板醤を加えてざっと炒め、水1カップを注いで強火にし、煮立ったらアクをすくう。

2. 豆乳にみそと白すりごまを溶き混ぜて1に加え、煮立つ直前まで温めて火を止める。

3. 生ラーメンをゆでて湯をよくきり、器に盛る。2のスープをかけ、細ねぎをちらす。

(ポイント)
◎ 小口切りのねぎはコンビニでも購入できる。

タイ風肉みそ和え麺

甘辛い肉みそを、たっぷりの野菜で食べる和え麺。ピーナッツの食感がアクセント。

材料／1人分

生ラーメン …… 1玉
豚ひき肉 …… 100g
もやし …… 1/2袋
細ねぎ、香菜（シャンツァイ）（ともに小口切り）…… 各適量
にんにく（みじん切り）…… 1かけ
ピーナッツ（粗く刻む）…… 大さじ1
サラダ油 …… 小さじ2

調味料
- 酒、オイスターソース …… 各大さじ1
- ナンプラー …… 大さじ1/2
- 砂糖、豆板醬（トウバンジャン）…… 各小さじ1/2

作り方

1. 鍋にたっぷりの湯を沸かし、もやしをザルに入れて10秒ほど湯通しし、湯をきって器に盛る。同じ湯で生ラーメンをゆで、冷水で洗って水気をよくきり、サラダ油小さじ1をからめてもやしの上にのせる。

2. フライパンにサラダ油小さじ1、にんにくを入れて熱し、香りが立ったらひき肉を中火で炒める。肉の色が変わってほぐれたら**調味料**を加え、火を強めて汁気をとばしながら炒める。

3. 1の麺の上に2、細ねぎ、香菜をのせてピーナッツをちらし、よく混ぜて食べる。

あさりとねぎの塩レモン焼きそば

あさりのだしをたっぷりと吸い込んだ、うまみたっぷりの塩焼きそば。

材料／1人分

焼きそば麺（袋ごと電子レンジに約1分かける）
　…… 1玉
あさり（砂抜きしたもの）…… 200g
細ねぎ（小口切り）…… 2本
レモン（くし形切り）…… 適量
酒 …… 大さじ1
塩、黒こしょう …… 各適量

作り方

1. フライパンにあさりを入れて酒をふり入れ、ふたをして強火にかける。

2. あさりの口が開いたらフライパンの片側に寄せ、空いたところに麺をほぐしながら加える。麺に蒸し汁をからめながら1分炒め、味をみて足りなければ塩でととのえる。

3. 器に盛り、細ねぎとこしょうをちらし、レモンを添える。

（　ポイント　）
◎ レモンの酸味があさりのうまみをぐっと引き立てる。瓶入りレモン果汁ならより手軽。
◎ あさりは砂抜き済みのものを買うと簡単に作れる。

焼き豚と水菜の和え麺

市販の焼き豚とたっぷりの水菜に、熱々のごま油をジュッとまわしかけて。

材料／1人分

生ラーメン …… 1玉
市販の焼き豚（細切り）…… 50g
水菜（5cm幅のざく切り）…… 1/4束

調味料
- 酢 …… 小さじ2
- 塩 …… ひとつまみ
- 黒こしょう …… 少々

ごま油 …… 大さじ1
黒いりごま、黒こしょう …… 各適量

作り方

1. 生ラーメンをゆで、冷水で洗って水気をよくきり、**調味料**をからめる。器に盛り、焼き豚と水菜をのせる。

2. フライパンにごま油を入れてよく熱し、1の上からまわしかけ、いりごまとこしょうをちらす。

(ポイント)
◎ 焼き豚の代わりにハムで作ってもおいしい。

豚ねぎトマトつけ麺

豚とトマトが相性抜群。具を炒めたらめんつゆを注ぐだけのお手軽つけ麺。

材料／1人分

生ラーメン …… 1玉
豚こま切れ肉 …… 80g
長ねぎ（斜め薄切り）…… 1/2本
トマト（くし形切り）…… 小1個
めんつゆ（濃縮タイプ、つけつゆの濃さに希釈）
　…… 1カップ
サラダ油 …… 大さじ1
黒こしょう …… 適量

作り方

1. フライパンにサラダ油を入れて熱し、豚肉を中火で炒める。肉の色が変わったら長ねぎを加えて炒め合わせ、めんつゆを加える。

2. 煮立ったらアクをすくって弱火にし、トマトを加えて3分煮る。

3. 生ラーメンをゆでて冷水で洗い、水気をよくきって器に盛る。2を別の器に盛ってこしょうをちらし、麺に添える。

白菜たっぷり塩バターラーメン

バターとコーンでまろやか。野菜たっぷりの深夜ラーメン。

材料／1人分

生ラーメン …… 1玉
白菜（一口大のざく切り）…… 1～2枚
コーン水煮缶 …… 大さじ2
ハム（十文字に切る）…… 1枚
鶏ガラスープの素（顆粒）…… 小さじ1
バター …… 大さじ1
塩、黒こしょう …… 各適量

作り方

1. 鍋に白菜を入れて水1と1/4カップを注ぎ、鶏ガラスープの素をふり入れて強火にかける。煮立ったら弱火にし、ふたをして5分蒸し煮にする。

2. 白菜がしんなりしたらハムを加え、味をみて塩でととのえる。

3. 生ラーメンをゆでて湯をよくきり、器に盛る。2のスープをかけ、コーン、バターをのせてこしょうをちらす。

chapter 5.

フライパンで野菜を食らう

多くの終電族が悩んでいる野菜不足。たとえば、「朝はコーヒーのみ、昼パスタ、夜牛丼」。このような食生活だと、パスタについてくる少しばかりのサラダと、牛丼の中のたまねぎくらいしか野菜を食べていないので、慢性的な野菜不足になるのも当然のこと。野菜を食べるのに一番手軽な調理法といえば、やはり野菜炒めではないでしょうか。2人分のレシピですが、この一皿で済ますなら1人でも食べ切れる量です。素材の味を生かしたシンプルな味つけのレシピで、少しでも野菜不足が解消できることを願っています。

キャベツの香ばししょうゆ炒め

食欲をそそるバターじょうゆ味で、キャベツがたっぷり食べられる炒め物。

材料／2人分

キャベツ（ざく切り）…… 1/4個
サラダ油 …… 大さじ1
しょうゆ、バター …… 各大さじ1
かつおぶし …… 軽くひとつかみ

作り方

1. フライパンにサラダ油を熱してキャベツを広げ入れ、ヘラで押さえながら焼きつけるように2分炒める。

2. 上下を返してさらに1分ほど同じように炒め、火を止めてしょうゆ、バターを加えて全体にからめる。

3. 器に盛り、かつおぶしをのせる。

（ ポイント ）
◎ キャベツは手でちぎるとまな板いらず。

ミニトマトのカリカリじゃこ炒め

ミニトマトを炒めると甘みがぐんとアップ。カリカリじゃこの食感も楽しい一皿。

材料／2人分

ミニトマト …… 15個
ちりめんじゃこ …… 大さじ2
オリーブ油 …… 大さじ1

作り方

1. フライパンに油をひかずにじゃこを入れ、弱火にかけてカリカリになるまで3分ほどいる。

2. 1にオリーブ油を加えて中火にし、ミニトマトを加えて炒める。

3. ミニトマトの皮が少しはじけてきたら火からおろし、器に盛る。

きのこのビネガー炒め

酢のほどよい酸味がきのこのうまみを引き立てる、カロリー控えめの炒め物。

材料／2人分

しめじ（手でほぐす）…… 1パック
まいたけ（手でほぐす）…… 1パック
マッシュルーム（縦4等分に切る）…… 3個
オリーブ油 …… 大さじ2
塩 …… 少々

調味料
- 酢 …… 大さじ1
- 塩 …… 小さじ1/4
- 黒こしょう …… 適量

作り方

1. フライパンにきのこを広げ入れ、塩をふり、オリーブ油をまわしかける。

2. 1を弱めの中火にかけて炒め、全体に油がまわってジュウジュウと音がしてきたらふたをして、ときどき混ぜながら7〜8分炒める。

3. 火を強めて**調味料**を加え、手早く炒め合わせて器に盛る。

(ポイント)
◎ きのこは好みのものでOK。数種類使ったほうがおいしい。
◎ バルサミコ酢で作ると、よりコクのある味わいに。

もやしと豆苗のペペロンチーノ

ピリッとおいしい野菜炒め。豆苗はキッチンバサミで切ればまな板いらず。

材料／2人分

もやし …… 1袋
豆苗（根元を切り、長さを半分に切る）…… 1袋
にんにく（みじん切り）…… 1かけ
赤唐辛子（半分に切って種をとる）…… 1本
オリーブ油 …… 大さじ1
塩 …… 小さじ1/2
酒 …… 大さじ1
黒こしょう …… 適量

作り方

1. フライパンにオリーブ油、塩を入れてなじませながら火にかけ、にんにくを入れてサッと炒める。

2. もやし、豆苗、唐辛子を加えてざっと混ぜ、酒をふり入れ、ふたをして30秒ほど蒸すようにして火を通す。

3. 器に盛り、こしょうをちらす。

（　ポイント　）
◎ もやしは短時間で蒸し炒めにすることで、シャキシャキした食感が残る仕上がりに。

大根のタルカリ

タルカリとはネパール風の野菜おかず。香り豊かなクミンと塩のシンプル炒め。

材料／2人分

大根（皮ごと5mm厚さのいちょう切り）
　…… 1/4本（約200g）
しょうが（みじん切り）…… 1/2かけ
香菜（粗みじん切り）…… 2本
レモン汁 …… 小さじ1
クミンシード、白いりごま …… 各小さじ1/2
塩 …… 小さじ1/4
サラダ油 …… 大さじ1

作り方

1. フライパンにサラダ油、クミンを弱火で熱し、シュワシュワとしてきたら塩を加えてなじませる。しょうがを加えて混ぜ、香りが立ったら大根を加えて炒め合わせる。

2. 水大さじ1を加え、ふたをして7〜8分蒸し焼きにする。

3. 大根がやわらかくなったらふたを外し、強火で水気をとばすように炒め、香菜、いりごま、レモン汁を加えてサッと混ぜ、火からおろす。

（　ポイント　）
◎ クミンは100円ショップでも購入可能。他にもさまざまなスパイスが置いてあるので、気軽に取り入れてみては。
◎ クミン×塩で、じゃがいもやかぼちゃを炒めてもおいしい。

ブロッコリーと豚肉のみそ炒め

ビタミンたっぷりのコクうま炒め。しっかり味でお弁当のおかずにもぴったり。

材料／2人分

ブロッコリー …… 1/2株（約150g）
豚こま切れ肉（一口大に切る）…… 100g
しょうが（みじん切り）…… 1かけ
調味料
[みそ、酒 …… 各大さじ1
  砂糖 …… 小さじ1
サラダ油 …… 大さじ1

作り方

1. ブロッコリーは小房に分けて大きければ半分に切り、茎は厚めに皮をむいて横に薄切りにする。**調味料**を混ぜ合わせる。

2. フライパンに1のブロッコリー、水1/4カップを入れて中火にかけ、ふたをして3〜4分蒸し焼きにする。ブロッコリーがやわらかくなったらふたを外し、強火にして水気をとばしていったんとり出す。

3. フライパンにサラダ油、しょうがを入れて熱し、香りが立ったら豚肉を中火で炒める。肉に火が通ったら2をもどし入れ、**調味料**を加えて炒め合わせる。

（　ポイント　）
◎ ブロッコリーは蒸し焼きにするのがコツ。市販の冷凍ブロッコリーでも作れる。

にんじんとツナのしりしり

ツナ缶の油でうまみを加えた、ごはんによく合う炒め物。

材料／2人分

にんじん（皮ごと太めの千切り） …… 1本(150g)
ツナ缶 …… 小1缶（約80g）
調味料
[酒、しょうゆ …… 各小さじ1
  鶏ガラスープの素（顆粒）…… 小さじ1/2
  砂糖 …… ひとつまみ
サラダ油 …… 大さじ1
黒こしょう …… 適量

作り方

1. フライパンにサラダ油を熱し、にんじんを中火で炒める。

2. にんじんがしんなりしてきたら、軽く油をきったツナ缶を加えて混ぜ、**調味料**を加えて炒め合わせる。

3. 器に盛り、こしょうをちらす。

きゅうりの卵炒め

きゅうりを炒めるのは、独特の青臭さがとれるおすすめの調理法。ごま油で香りよく。

材料／2人分

きゅうり …… 2本
卵（割りほぐす）…… 2個
調味料A
[砂糖 …… 小さじ1
[塩 …… 少々
調味料B
[ナンプラー（なければ薄口しょうゆ）
　　…… 小さじ2
[砂糖 …… 小さじ1
ごま油 …… 大さじ1
黒こしょう …… 適量

作り方

1. きゅうりはすりこぎで軽くたたきつぶすか、包丁の腹をあてて軽く押しつぶし、一口大に手で割る。卵に**調味料A**を混ぜ合わせる。

2. フライパンにごま油を熱してきゅうりを中火で炒め、緑色が鮮やかになったら**調味料B**で調味する。きゅうりをフライパンの片側に寄せ、空いたところに卵を流し入れ、縁がかたまってきたらきゅうりと手早く炒め合わせる。

3. 卵が半熟程度の状態で火からおろし、器に盛ってこしょうをちらす。

れんこんのエスニックきんぴら

ナンプラーを隠し味に使う、あっさりきんぴら。多めに作ればお弁当のおかずにも。

材料／2人分

れんこん（皮つきのまま拍子木切りにして
　水にさらす）…… 150g
赤唐辛子（種をとって小口切り）…… 1本
調味料
　酒 …… 大さじ1
　ナンプラー …… 小さじ1
　砂糖 …… 小さじ1/2
白いりごま …… 小さじ1
細ねぎ（小口切り）…… 適量
サラダ油 …… 大さじ2

作り方

1. フライパンにサラダ油を熱し、水気をきったれんこんを加えて中火で炒める。

2. れんこんが透き通ってきたら唐辛子を加えて混ぜ、香りが立ったら**調味料**を加えて炒め合わせる。

3. いりごまを加えてサッと混ぜ、器に盛って細ねぎをちらす。

（　ポイント　）
◎ れんこんは皮つきのままのほうがうまみが強いのでおすすめ。
◎ ナンプラーがなければ薄口しょうゆでもOK。

たまねぎの梅おかか炒め

たまねぎを香ばしく焼き、梅干しの酸味＆かつおぶしのうまみでサッと味つけ。

材料／2人分

たまねぎ …… 1個
梅干し（たたく）…… 大1個
かつおぶし …… ひとつかみ
みりん …… 小さじ1
サラダ油 …… 大さじ1
青じそ（千切り）…… 5枚

作り方

1. たまねぎは半分に切り、繊維を断つように1cm幅に切る。

2. フライパンにサラダ油を強めの中火で熱し、たまねぎを入れて焼きつけるように3〜4分炒める。

3. 火からおろし、梅干し、かつおぶし、みりんを加えてざっくりと混ぜ、器に盛って青じそをのせる。

（　ポイント　）
◎ 青じその代わりに焼きのりでもおいしい。

chapter
6.

だしさえあれば。

[終電ごはん劇場] だし 編

「だしをとる」と聞いたら、「難しそう」「面倒くさい」と思われるでしょうか。この章で提案するのは、コーヒードリッパーでとるかつおだしと、水に浸けておくだけの昆布だし。これなら、コーヒー感覚、麦茶感覚で、うまみたっぷりのおいしいだしが簡単にとれます。だしにハマること数年。まさに、忙しいときこそだしさえあれば、料理はなんとかなるということを実感する日々です。だしのきいた終電ごはんは、心までホッとするもの。レシピで特に表記していないものは、昆布とかつおのどちらのだしでもおいしく作れます。

基本のかつおだし

ドリッパーで手軽にとる、風味豊かなかつおだし。
おいしいだしをとるコツは、かつおぶしの分量をケチらないこと。
普段使っているドリッパーはコーヒーの香りが染みついているため、
まずはだし専用のドリッパーのご用意を。安いもので十分です。

材料／1カップ分

かつおぶし …… 5g
　（軽くひとつかみ程度）
熱湯 …… 1カップ

(ポイント)
おひたしや冷ややっこ用小分けパックのかつおぶしを使うとより手軽。

作り方

1. コーヒードリッパーにフィルターをセットし、かつおぶしを入れる。
2. 熱湯を一気に注ぐ。だしが落ち切った後も、フィルターとかつおぶしに水分がたっぷり残っているので、えぐみが気にならなければしぼってもOK。

鍋でまとめてとる場合

材料／1ℓ分
かつおぶし……30g
水……1ℓ

1. 鍋に水を入れて火にかけ、沸騰したら火を止めてかつおぶしを入れる。ザルにキッチンペーパーをのせる。
2. 1分経ったら、キッチンペーパーをのせたザルで漉す。

飲むかつおだし

熱々のかつおだしに、お好みでしょうゆか塩少々を入れるだけ。真夜中に飲むだしは、香りも含めて癒し効果も抜群。乾燥わかめやとろろ昆布を入れても。

基本の昆布だし

水と昆布を入れた麦茶ポットを
冷蔵庫に入れておくだけで、本格昆布だしが完成。
うまみの濃いしっかりしただしがとれる、
真昆布か羅臼昆布がおすすめ。そのまま温めて飲んでもおいしい。

材料／1ℓ分

だし用昆布 …… 20g
水 …… 1ℓ

(ポイント)
平日使い切れなければ、週末の鍋で全部使えば無駄にならない。インスタントラーメンや市販の粉末のコーンスープを昆布だしで作ると、うまみが加わってさらにおいしくなる。

作り方

1. 麦茶ポットに昆布を入れて水を注ぎ、冷蔵庫で1〜2晩おく。水質の関係で関西は1晩でだしが出るが、関東以北は2晩おいたほうがしっかりとしただしが出る。

2. だしが出たら昆布をとり出す。冷蔵庫で約1週間保存可能。

昆布だしのかき玉スープ

温めた昆布だしに薄口しょうゆを少々。溶き卵を流し入れると、うまみたっぷりのおいしいかき玉スープの完成。冷蔵庫に昆布だしがあれば、インスタント感覚でいつでも作れる。

和風ミネストローネ

具だくさんの洋風みそ汁。トマトやセロリなどの野菜からもいいだしが。

材料／2〜3人分（作りやすい分量）

だし ……　3カップ
ベーコン ……　2枚
にんじん ……　1/3本
セロリ ……　5〜6cm
じゃがいも ……　小1個
キャベツ ……　2枚
ミニトマト ……　5個
みそ ……　大さじ1と1/2〜大さじ2
サラダ油 ……　小さじ1

作り方

1. ベーコンは1cm幅に切る。ミニトマト以外の野菜はすべて1cmの角切りにし、ミニトマトは半分に切る。

2. 鍋にサラダ油を熱してベーコンを炒め、ミニトマト以外の野菜を加えて炒め合わせる。全体に油がまわったらだしを加えて煮立たせ、軽くアクをすくって弱火で煮る。

3. にんじんとじゃがいもに火が通ったらみそを溶き入れ、ミニトマトを加えてサッと煮る。

（　ポイント　）
◎ ショートパスタを入れてもおいしい。

切り干し大根と梅干しのスープ

具をお椀に入れて熱々のだしを注ぐだけ。二日酔いの朝にもやさしい味わい。

材料／1人分

だし ……1カップ
切り干し大根 (長いものは食べやすく切る)
　……8g
梅干し ……1個
おろししょうが ……少々

作り方

1. 器に切り干し大根、梅干し、おろししょうがを入れる。

2. 熱々のだしを1に注ぎ入れ、梅干しをつぶしながら食べる。

(　ポイント　)
◎ 切り干し大根や梅干しからうまみと塩分が出るので、味つけいらず。
◎ おろししょうがはチューブタイプを使うとさらに簡単。

かぶと厚揚げのエスニックスープ

昆布×ナンプラーのダブルだし。低カロリーでボリューム満点のおかずスープ。

材料／2人分（作りやすい分量）

かぶ …… 中2個
厚揚げ（一口大に切る）…… 1枚（150g）
スープ
[昆布だし …… 2カップ
[酒、ナンプラー …… 各大さじ1
香菜（シャンツァイ）、黒こしょう …… 各適量

作り方

1. かぶは葉を切り離し、皮ごと縦8等分に切る。葉は5cm幅のざく切りにする。

2. 鍋にかぶの実を入れて**スープ**を注ぎ、強火にかける。煮立ったら厚揚げを加えて弱火にし、ふたをして10分ほど煮る。

3. かぶの実がやわらかくなったら、かぶの葉を加えてサッと煮る。器に盛り、刻んだ香菜とこしょうをちらす。

じゃがいものみそポタージュ

みそが隠し味の和風ポタージュ。じゃがいもは粗くくずすのでミキサーいらず。

材料／1人分

じゃがいも（男爵、一口大の薄切り）
　…… 大1個（150g）
だし …… 1カップ
バター …… 大さじ1/2
牛乳 …… 1/2カップ
みそ …… 小さじ1
塩、黒こしょう …… 各適量

作り方

1. 鍋にじゃがいもを入れてだしを注ぎ、バターをのせて強火にかける。煮立ったら弱火にし、ふたをして10分ほど煮る。

2. じゃがいもがくずれるくらいにやわらかくなったら、泡立て器で粗くつぶす。

3. 牛乳にみそを溶き混ぜて2に加える。ひと煮立ちさせて塩、こしょうで味をととのえ、器に盛る。

（　ポイント　）
◎ 泡立て器がない場合は、スプーンやフォークでつぶしてもOK。

野菜たっぷりあんかけうどん

だしのきいた野菜あんをたっぷりとかけて、熱々をどうぞ。寒い夜にぴったり。

材料／1人分

冷凍うどん …… 1玉
白菜（一口大のざく切り）…… 1枚
にんじん（薄い半月切り）…… 3cm
しめじ（小房に分ける）…… 50g
ちくわ（斜め薄切り）…… 1本

スープ
- だし …… 1と1/2カップ
- しょうゆ …… 大さじ1と1/2
- みりん …… 小さじ2

水溶き片栗粉、七味唐辛子 …… 各適量

作り方

1. 鍋に**スープ**を合わせて火にかけ、煮立ったら野菜、ちくわを加えて煮る。

2. 野菜に火が通ったら、水溶き片栗粉を少しずつ加えてとろみをつける。

3. 冷凍うどんは袋の表示時間どおりにゆで、湯をよくきって器に盛る。2のあんをかけて七味唐辛子をちらす。

(ポイント)
◎ 冷凍うどんはレンジで加熱するとさらに時短に。
◎ おろししょうがを入れるとさらに体が温まる。

鯛茶漬け

軽くヅケにしたお刺身をごはんにのせ、熱々のだしをかけていただくプチ贅沢茶漬け。

材料／1人分

鯛の刺身 …… 50g
調味料
[しょうゆ、みりん …… 各大さじ 1/2
[白すりごま …… 小さじ 1
ごはん …… 茶碗 1 杯
だし …… 3/4 カップ
塩 …… 少々
青じそ（千切り）、焼きのり、わさび …… 各適量

作り方

1. **調味料**を合わせ、鯛の刺身を漬けて5分おく。

2. だしを温めて塩で薄めに味をととのえる。焼きのりは手でこまかくちぎる。

3. 器にごはんを盛ってのりをちらし、1を漬け汁ごとのせる。青じそ、わさびをのせ、2のだしを注ぎ入れる。

(ポイント)
◎ 刺身は、鯛以外の白身魚やホタテ貝柱でもおいしい。

だしポトフ

鶏肉と野菜から出るだしが加わって、より深みのある味わいに。柚子こしょうでどうぞ。

材料／2人分（作りやすい分量）

鶏もも肉（大きめの一口大に切る） …… 大1枚（300g）
にんじん …… 1/3本
たまねぎ …… 小1個
かぶ …… 中1個
ごぼう …… 10cm
だし …… 3カップ
塩、柚子こしょう …… 各適量

作り方

1. にんじんは1cm厚さの輪切りに、たまねぎは縦4等分に切る。かぶは葉を切り落として皮ごと縦6等分に、ごぼうは長さ半分に切ってから縦半分に切る。

2. 鍋にだし、鶏肉、にんじん、たまねぎ、ごぼうを入れて火にかけ、煮立ったらアクをすくって弱火にし、ふたをずらしてのせて10分煮る。かぶを加えてさらに10分ほど煮込み、かぶがやわらかくなったら塩で味をととのえる。

3. 器に盛り、柚子こしょうを添える。

(ポイント)
◎ 鶏もも肉を、鶏手羽元に変更すると、骨からさらにいいだしが出る。

だししゃぶしゃぶ

うまみたっぷりのだしごといただく、タレいらずのしゃぶしゃぶ。

材料／1人分

豚薄切り肉（しゃぶしゃぶ用）…… 100g
長ねぎ …… 10cm
にんじん …… 1/2 本
塩蔵わかめ
　（塩を洗い落として水気をしぼったもの）…… 50g

しゃぶしゃぶ用だし
- 昆布だし …… 2 カップ
- 酒、みりん …… 各大さじ 2
- しょうゆ …… 大さじ 1
- 塩 …… 小さじ 1/2

作り方

1. 長ねぎは斜め薄切りに、にんじんはピーラーでリボン状に削る。わかめは食べやすい大きさに切る。

2. 鍋にしゃぶしゃぶ用だしを入れて火にかけ、煮立ったら豚肉、1を適量ずつ加えて煮る。

3. 煮えばなをお椀にとり、だしごと食べる。

だしピクルス

食べやすく切った野菜を漬け込んだ、だしベースのピクルス。まとめて作れば保存食に。

材料／作りやすい分量

きゅうり …… 1本
セロリ …… 1/2 本
にんじん …… 1/2 本
赤パプリカ …… 1個
※野菜は合わせて 200 〜 250g になれば、この分量どおりでなくても OK。

ピクルス液

- だし …… 1カップ
- 酢 …… 大さじ 5
- 砂糖 …… 大さじ 2
- 塩 …… 小さじ 1/2
- ローリエ（あれば）…… 1枚

作り方

1. 野菜はすべて食べやすい大きさに切り、耐熱ボウルに入れる。

2. 小鍋に**ピクルス液**を合わせて煮立たせ、1のボウルに注ぎ入れる。

3. 冷めたら密閉容器に移し入れ、冷蔵庫で3時間以上おいて味をなじませる。

（ ポイント ）
◎ 1晩ほどおくと味がなじんでよりおいしくなる。
◎ 冷蔵庫で1週間保存可能。

\\ 終電ごはんがラクになる！ /

便利グッズカタログ

時短になる食材や便利なグッズがあれば、
終電ごはん作りがぐっとラクになるもの。
上手に活用して、快適でおいしい自炊生活に役立てて。

ジップロック®コンテナー
旭化成ホームプロダクツ

ざく切りにしたキャベツや白菜などをたっぷり入れやすいサイズ。希望小売価格480円（長方形1900㎖）

愛菜果
ニプロ

大谷石を粉砕して練り込んだ袋で、野菜の鮮度が驚くほど長持ち。各種サイズあり。希望小売価格190円

日清クッキング フラワー®
日清フーズ

ボトルから直接ふりかけられるサラサラの小麦粉。しょうが焼きもぐんとおいしく。希望小売価格220円

【 問い合わせ先 】

旭化成ホームプロダクツ お客様相談室 0120-065-402 ／ 関西紙工 06-6222-1300 ／ 日清フーズ お客様相談室 0120-24-4157 ／ 東洋水産 お客様相談室 0120-181-874 ／ 程野商店 0120-713-230 ／ くらこんお客様相談室 0120-041-965 ／ ブルドックソース 0120-921-109 ／ カゴメ お客様相談センター 0120-401-831

これは便利！山芋とろろ
これは便利！大根おろし
東洋水産

フリーズドライ製法で、水をかけて混ぜるだけでとろろと大根おろしがすぐ完成。希望小売価格各120円

松山あげ（きざみ）
程野商店

みそ汁や鍋に入れるとコクがぐんとアップ。油揚げと違い、常温で90日程度持つ。希望小売価格200円

水戻し不要芽ひじき
くらこん

水もどし不要で、ザルにつまるストレスもなし。パスタやスープなどにそのまま使える。希望小売価格298円

マ・マー
早ゆでで1分30秒クルル
日清フーズ

1分30秒でパパッと早ゆで。サラダやスープの具材にも便利に使えるマカロニ。希望小売価格158円

中濃ソース お弁当用
ブルドックソース

「ソースはお好み焼きくらいにしか使わない」という人は、お弁当用サイズを。希望小売価格130円

トマトケチャップミニ
カゴメ

「小さいサイズのケチャップでも余ってしまう」という人は、小分けサイズが便利。オープン価格

※希望小売価格は税抜表示です。

終電ごはんを乗り越える コワザ ⑳

健康にも気をつけたい終電族だからこそ、
なるべく家で食べたいもの。便利な食材や
ちょっと贅沢な調味料で、終電ごはんを乗り越えよう。

便利なものに頼るコワザ

① 細ねぎや長ねぎが必要なときは、コンビニで刻みねぎを買う。

② ごはんは無洗米を使う。とぐ手間が省け、節水にもなる。

③ 「大根をおろすなんてとても無理だけど、どうしても焼き魚に添えたい」というときは、フリーズドライかチューブ入りの大根おろしを買う。

④ のりを刻む気力がないときのために、刻みのりかもみのりを買っておく。

⑤ お椀にかつお粉または煮干し粉、みそ、乾燥わかめを入れ、お湯を注げば即席みそ汁に。スーパーの乾物売り場で購入できる。

⑥ 大根や里芋、ごぼうなど、下ゆで済みの野菜を買うと、煮物やきんぴらがすぐ作れる。生野菜に比べ、長期保存も可能。

⑦ コンビニで売っている「サラダチキン」は、クセのない味なので料理にも使える。納豆と和えたり、うどんやパスタ、冷やし中華の具、野菜炒めにも。

⑧ コンビニのコロッケをめんつゆで煮て、卵でとじて「コロッケ卵とじ丼」にアレンジ。

⑨ ウォーターサーバーを導入する。いつでも熱湯が出るので、コーヒードリッパーでとるかつおだしも、思い立ったらすぐとれる。電気ケトルで沸かすよりも早い。

おいしく食べるコワザ

⑩ 鍋料理に餃子(ギョウザ)の皮を入れる。薄いのですぐ火が通り、ワンタン感覚でつるんとおいしく食べられる。どんな鍋とも好相性。

(11) 自家製カット野菜を常備。キャベツや白菜は、休日に一度に全部ざく切りにし、保存容器に入れて冷蔵庫へ。冷蔵庫で4日程度保存可能。4日間で使い切れる自信がなければ、保存袋に入れて冷凍庫へ。しんなりするので、鍋やスープ、煮込みなどに。

(12) 調味料を使い切る自信がなければ、最小サイズを買う。50gのオリーブ油や、100mlのしょうゆを選べば、フレッシュなうちに使い切れる。

(13) 塩やしょうゆ、みりんなどの基本調味料は、いいものを使うと料理のレベルが格段にアップ。たくさんあって選べないときは、スーパーで一番高いものを選ぶ。

(14) バターは、いわゆる「高級バター」を使うと風味がまるで違い、ひと味もふた味も変わる。「カルピスバター」を使ったバターしょうゆ釜玉うどんは絶品。

(15) いい七味を使う。最近はスーパーでも複数の七味が並んでいるので、「一休堂」や「根元 八幡屋礒五郎」の七味を選ぶと、簡単なうどんやそばもぐっとおいしくなる。

(16) ブロッコリーやキャベツなど、野菜をチンして塩昆布とごま油で和えれば、手軽においしく食べられる。野菜が足りていないときの副菜に。

健康のためのコワザ

(17) ごはんを炊くときは、雑穀やビタミンを摂取できる栄養機能食品を混ぜて炊く。白米よりも栄養価がアップ。

(18) 高成分野菜の「ブロッコリー スーパースプラウト」(村上農園)をサラダや和え麺などにトッピングする。注目成分スルフォラファンの解毒・抗酸化作用が期待でき、「体にいいものを摂取している」という安心感がもてる。

(19) トマトは、リコピンが一般的なトマトの約1.5倍含まれている「高リコピントマト」を選ぶ。リコピンは抗酸化作用や美肌・美白効果も期待できる。

(20) 炭水化物が気になる人は、麺類レシピを糖質ゼロ麺やこんにゃく麺に置き換えるとヘルシー。スーパーの麺売り場か、とうふ・こんにゃく売り場で取り扱いあり。

冷凍庫にあれば心安らぐ食材ベスト 15

終電ごはんを乗り越えるカギは、冷凍庫にあり。
コンビニすら寄る気力がなくても、
冷凍庫にこれだけ常備しておけばなんとかなる……！

1位 ごはん

ごはんは多めに炊いて、炊きたてを1食分ずつラップするか、ごはん用の保存容器に入れ、冷まして冷凍。

2位 納豆

パックごとそのまま冷凍庫へ。とりあえず納豆ごはんとインスタントのみそ汁だけでも、家で食べられるという安心感。電子レンジで様子を見ながら数秒加熱するか、解凍モードで。温めすぎるとニオイが大変なことになるのでご注意を。

3位 うどん

電子レンジ調理も可。「冷凍うどん＋生卵＋しょうゆ」の釜玉うどんならすぐできる。バターや納豆をプラスしても。

4位 そば

乾麺だと鍋でゆでるひと手間が面倒だが、冷凍そばはゆでてあるので、温かいそばつゆにそのまま投入し、麺がほぐれればOK。乾燥わかめとろろ昆布、卵をプラスすると栄養バランスも◎。

5位 野菜

市販の冷凍野菜を常備。さまざまな種類があるが、とりあえずブロッコリーとほうれん草だけでも冷凍庫に入っていると安心。ゆでて急速冷凍してあるので、そのまま使える。

6位 きのこ

石づきを切り落とし、ほぐして保存袋に入れ、そのまま冷凍庫へ。しめじ、まいたけ、エリンギ、えのきだけなどを混ぜて「きのこMIX」にするのもおすすめ。炒め物やみそ汁、カレー、スープなどさまざまな料理にそのまま使えてとても便利。

7位 とろろ

夜中にわざわざすりおろすのは不可能に違いが、市販の冷凍とろろは流水解凍ですぐに使えるので、とろろそばやとろろごはんがすぐできる。

8位 しょうが

気力のあるときに1個丸ごとすりおろし、ラップに包んで平らにして冷凍庫へ。使いたい分だけパキパキ折って使えるので、冬は汁物に毎日入れると手足の末端までポカポカで冷え知らず。

9位 明太子

1腹ずつラップで包み、冷凍庫へ。「冷凍うどん＋明太子＋生卵」で釜玉明太がすぐできる。

10位 焼きそば麺

そのまま冷凍可。レンジで解凍後、すぐに調理出来る。ソース焼きそばに青のりをかければ屋台の焼きそば風に。

11位 生ラーメン

そのまま冷凍可。冬は鍋の〆に使うのもおすすめ。熱湯でゆでて鍋に投入し、ポン酢にラー油をひとたらしすれば、お手軽つけ麺に。夏はゆでて氷水で締め、ベビーリーフやトマト、ハムなどと、ごまドレッシングやポン酢で和える「ラーメンサラダ」がイチオシ。

12位 揚げ玉

袋ごと冷凍庫へ。みそ汁やうどん、そばにトッピングするほか、豆腐と豚こまを市販のめんつゆで煮込んだ料理にトッピングすると、コクが出ておいしい。

13位 えび

背わた処理済みの冷凍えびを常備しておけば、炒め物やパスタ、カレーなどにすぐ使える。

14位 シュウマイ

ごはんのおかずやお弁当に入れるほか、カレーに投入すると意外においしい。レトルトカレーの具が少ないときにプラスしたり、「お肉がないけどカレーが作りたくてしかたない」という気分のときにも。

15位 パスタ

市販の冷凍パスタの進化はすごい。チンするだけで、まるでレストランのような本格パスタが食べられる。アルデンテ具合も完璧で、トマトソース、カルボナーラ、明太子、ボロネーゼなど種類も豊富。200円程度で買えるので、コンビニすら寄る気がしないときの心の支えに常備しておいて損なし。

おわりに

　前作にも書きましたが、京都の自宅で仕事をしている私は、終電に乗ることなく日常生活を送っています。深夜まで食事ができない日はほとんどないし、食事を調達できる場所がコンビニだけ、という事態にも遭遇しません。

　けれども、料理教室が立て込んでいる週や、パソコンでひたすらレシピを書いている日などは、自分や誰かのために台所に立つ余裕がなくなります。さあごはんを作ろうという気力も湧かなくなります。それでもお腹はすくから、何でもいいから自分で作ったものを食べたい。なぜなら、忙しいときほど家で食べるごはんにホッとできるから。

　『続・終電ごはん』のレシピは、そんな夜を想像しながら生

まれました。余裕も気力もないけれど、10分だけ台所に立つとしたら何を作ろうか?

すると、卵とごはんから10個のレシピが生まれました。パスタのゆで時間半分でナポリタンが作れたし、シンプルな野菜炒めのおいしさに開眼しました。真夜中のかつおだしなんて、まるで極上のお酒のように体にしみわたることも知りました。

終電族の方々に必要なのは、「きちんとした料理」でなく「きちんとした食事」。たとえどんな料理であっても、「きちんと食べられたなぁ」と感じられれば終電ごはんは大成功。そんな料理が本書からひとつでも見つかりますように、と願ってやみません。

高谷亜由

アートディレクション：野本奈保子（nomo-gram）
カメラマン：新居明子（SOSOUP）
スタイリング：西崎弥沙
イラスト：松元まり子
企画・文：梅津有希子

今夜も終電ごはん

2017年1月10日　第1刷発行

著　者　梅津有希子　高谷亜由
発行者　見城　徹

発行所　株式会社 幻冬舎
　　　　〒151-0051 東京都渋谷区千駄ヶ谷4-9-7
電話　　03(5411)6211（編集）
　　　　03(5411)6222（営業）
　　　　振替 00120-8-767643
印刷・製本所：株式会社 光邦

検印廃止

万一、落丁乱丁のある場合は送料小社負担でお取替致します。
小社宛にお送り下さい。本書の一部あるいは全部を無断で複写
複製することは、法律で認められた場合を除き、著作権の侵害
となります。定価はカバーに表示してあります。

© YUKIKO UMETSU, AYU TAKAYA, GENTOSHA 2017
Printed in Japan
ISBN978-4-344-03054-1　C0077
幻冬舎ホームページアドレス　http://www.gentosha.co.jp/

この本に関するご意見・ご感想をメールでお寄せいただく場合は、
comment@gentosha.co.jpまで。